BEI GRIN MACHT SICH IHR WISSEN BEZAHLT

- Wir veröffentlichen Ihre Hausarbeit, Bachelor- und Masterarbeit

- Ihr eigenes eBook und Buch - weltweit in allen wichtigen Shops

- Verdienen Sie an jedem Verkauf

Jetzt bei www.GRIN.com hochladen und kostenlos publizieren

Bibliografische Information der Deutschen Nationalbibliothek:

Die Deutsche Bibliothek verzeichnet diese Publikation in der Deutschen Nationalbibliografie; detaillierte bibliografische Daten sind im Internet über http://dnb.dnb.de/ abrufbar.

Dieses Werk sowie alle darin enthaltenen einzelnen Beiträge und Abbildungen sind urheberrechtlich geschützt. Jede Verwertung, die nicht ausdrücklich vom Urheberrechtsschutz zugelassen ist, bedarf der vorherigen Zustimmung des Verlages. Das gilt insbesondere für Vervielfältigungen, Bearbeitungen, Übersetzungen, Mikroverfilmungen, Auswertungen durch Datenbanken und für die Einspeicherung und Verarbeitung in elektronische Systeme. Alle Rechte, auch die des auszugsweisen Nachdrucks, der fotomechanischen Wiedergabe (einschließlich Mikrokopie) sowie der Auswertung durch Datenbanken oder ähnliche Einrichtungen, vorbehalten.

Impressum:

Copyright © 2016 GRIN Verlag
Druck und Bindung: Books on Demand GmbH, Norderstedt Germany
ISBN: 9783668923416

Dieses Buch bei GRIN:

https://www.grin.com/document/463647

Anton Sulger

Trainingslehre. Die Planung eines Beweglichkeits- und Koordinationstrainings

GRIN Verlag

GRIN - Your knowledge has value

Der GRIN Verlag publiziert seit 1998 wissenschaftliche Arbeiten von Studenten, Hochschullehrern und anderen Akademikern als eBook und gedrucktes Buch. Die Verlagswebsite www.grin.com ist die ideale Plattform zur Veröffentlichung von Hausarbeiten, Abschlussarbeiten, wissenschaftlichen Aufsätzen, Dissertationen und Fachbüchern.

Besuchen Sie uns im Internet:

http://www.grin.com/

http://www.facebook.com/grincom

http://www.twitter.com/grin_com

Deutsche Hochschule für

Prävention und Gesundheitsmanagement

Einsendeaufgabe

Fachmodul: Trainingslehre 3

Studiengang: Gesundheitsmanagement

Name, Vorname: Sulger, Anton

Inhaltsverzeichnis

1	Personendaten und Bewertung	3
	1.1 Personendaten	3
	1.2 Bewertung	3
2	Beweglichkeitstestung	4
	2.1 Beweglichkeitstest (nach Janda, 2000, S.270)	4
	2.2 Interpretation der Testergebnisse	4
3	Planung Beweglichkeitstraining	5
	3.1 Belastungsgefüge	5
	3.2 Trainingsplanung	5
	3.3 Begründung	6
	3.3.1 Begründung Belastungsgefüge	6
	3.3.2 Begründung Trainingsplanung	7
4	Trainingsplanung Koordinationstraining	8
	4.1 Trainingsplanung	8
	4.2 Belastungsgefüge	9
	4.3 Begründung	10
5	Literaturrecherche	11
6	Literaturverzeichnis	12
7	Abbildungs- und Tabellenverzeichnis	13
	7.1 Tabellenverzeichnis	13

1 Personendaten und Bewertung

1.1 Personendaten

In folgender Tabelle werden die Personendaten dargestellt.

Alter	20
Geschlecht	Männlich
Körpergröße	180cm
Körpergewicht	80kg
Trainingsmotive	Verbesserung der Beweglichkeit und des Gleichgewichts auf einem Bein, Verbesserung der Leistung im Kickboxen
Berufliche Tätigkeit	Minijob an Tankstelle
Aktuelle sportliche Aktivitäten	Kickboxen (2x/Woche), Krafttraining (3x/Woche)
Frühere sportliche Aktivitäten	Parkour
Zeitlicher Verfügungsrahmen	2-3x/Woche
Orthopädische Probleme	Keine
Internistische Probleme	Keine
Ärztliche Behandlung	Keine
Medikamente	Keine
Sonstige gesundheitliche Einschränkungen	Keine

Tab. 1: Personendaten

1.2 Bewertung

Der Klient hat keine gesundheitlichen Einschränkungen und ist daher voll belastbar. Weiterhin ist der Klient in einem Alter in dem man das Niveau des Beweglichkeitstrainings hoch ansetzten kann. Er hat schon einige Erfahrungen mit Beweglichkeits- und Koordinationstraining aus dem Kickboxen und Parkour.

2 Beweglichkeitstestung

2.1 Beweglichkeitstest (nach Janda, 2000, S.270)

Die Ausgangsposition des Beweglichkeitstest nach Janda (2000) ist die Rückenlage des Probanden auf einer Behandlungsliege. Die Beine sind leicht angewinkelt und die Füße liegen auf der Liege auf. Alle Beweglichkeitswinkel gehen von neutral 0 aus.

Die folgende Tabelle beinhaltet die Testergebnisse des Beweglichkeitstests

Testübung	Ausführung	Ergebnis
M. pectoralis major	Abduktion und Außenrotation des Schultergelenks bei einem 90° Winkel im Ellenbogengelek.	Stufe 0: Oberarme erreichen Horizontale
Mm. ischiocrurales	Beine werden nacheinander bei gestrecktem Kniegelenk in die größtmögliche Hüftflexion gebracht	Stufe 0: Flexion im Hüftgelenk ist bis 90° möglich
Mm. triceps surae	Füße werden nacheinander bei gestrecktem Bein (distale Hälfte des Unterschenkels geht über die Behandlungsliege hinaus) in die größtmögliche Dorsalextension geführt	Stufe 0: Dorsalextension ist mindestens bis zur 0° Stellung möglich
M. iliopsoas	Klient rückt auf der Liege nach unten, sodass das Gesäß mit dem Rand der Liege abschließt. Ein Bein befindet sich im Überhang während der Klient das andere Bein angewinkelt so weit es geht zum Körper heranzieht.	Stufe 0: Oberschenkel erreicht Horizontale; durch leichten Druck des Testers kann der Oberschenkel unter Horizontale bewegt werden
M. rectus femoris	Gleiche Position wie bei M. Iliopsoas. Bein wird bei maximaler Flexion fixiert; Tester führt das Bein in maximalen Kniebeugewinkel.	Stufe 0: Unterschenkel hängt senkrecht herab; durch leichten Druck des Testers ist es möglich, die Kniebeugung zu vergrößern.

Tabelle 2: Beweglichkeitstest

2.2 Interpretation der Testergebnisse

Die Testperson hat keine Bewegungseinschränkungen.

3 Planung Beweglichkeitstraining

3.1 Belastungsgefüge

Die folgende Tabelle zeigt das Belastungsgefüge der verschiedenen Dehnmethoden.

Dehnmethode	Häufigkeit pro Woche	Sätze pro Übung	Dehndauer	Wiederholungen	Intensität
Dynamisches Dehnen	3	4	45sek	15	Oberhalb der Dehngrenze
Statisches Dehnen	3	4	45sek	1	Oberhalb der Dehngrenze
Postisometrisches Dehnen	3	4	20sek	1	Oberhalb der Dehngrenze

Tabelle 3: Belastungsgefüge Beweglichkeitstraining

3.2 Trainingsplanung

Die folgende Tabelle zeigt eine Auflistung der Dehnübungen mitsamt Durchführung, Dehnmethode und der Zielmuskulatur. Die Bewegungswinkel gehen hierbei immer von neutral 0 aus.

Gelenk/Bereich	Zielmuskulatur	Dehnmethode	Übung
Schultergelenk	Großer Brustmuskel	aktiv, dynamisch	Übung im Stand; Zunächst Abduktion im Schultergelenk bis 90°; Retraktion im Schultergürtel soweit wie möglich.
Hüftgelenk	Gesäßmuskel; Hüftgelenkinnenrotatoren	postisometrisch	Übung in Rückenlage; Flexion im Hüftgelenk um 90°; Flexion im Kniegelenk um 90°; Innenrotation des einen Beins um 90°; Das Fußgelenk liegt auf dem Knie des Anderen Beins auf; die Arme umfassen das Schienbein des Beins und ziehen das Knie zum Körper; Wechsel des Beins.
Hüftgelenk	Hüftgelenkflexoren	passiv, dynamisch	Übung im Stehen; 90° Flexion im Hüftgelenk bei 90° Flexion im Kniegelenk mit einem Bein; Extension des anderen Beins so weit es geht bei 45° Flexion im Kniegelenk; Hüfte in Richtung Boden drücken.
Hüftgelenk	Hüftgelenkadduktoren	passiv, statisch	Übung im Sitzen; Flexion im Hüftgelenk um 90°; Abduktion im Hüftgelenk um 45°; Flexion im Kniegelenk um ca. 90° (Bis Füße sich in der Mitte berühren); Knie mit Zuhilfenahme der Ellenbogen in Richtung Boden drücken.
Kniegelenk	Vierköpfiger Oberschenkelstrecker	passiv, statisch	Übung im Stand; maximale Flexion des einen Kniegelenks; Arm zieht am Fußgelenk nach oben.

Fußgelenk	Zwillings-wadenmuskel	aktiv, statisch	Übung in Rückenlage; Dorsalflexion des Fußgelenks (maximale Bewegungsamplitude)
Hüftgelenk, Kniegelenk	Zweiköpfiger Beinbeuger	passiv, statisch	Übung in Rückenlage; maximale Extension im Kinegelenk; Flexion des einen Beins im Hüftgelenk (maximale Bewegungsamplitude)
Schultergelenk, Ellenbogengelenk	Dreiköpfiger Oberarm-strecker	passiv, statisch	Übung im Stehen; maximale Abduktion in einem Schultergelenk; maximale Flexion im Ellenbogengelenk desselben Arms; mit der Hand des anderen Arms am Ellenbogen greifen und in Richtung der anderen Schulter ziehen
Schultergelenk	Schulterblattretraktoren	passiv, statisch	Übung im Stehen; Anteversion des einen Arms um 90°; Flexion des Ellenbogengelenks desselben Arms um ca. 120° ; mit der Hand des anderen Arms Ellenbogen umfassen und in Richtung des anderen Arms ziehen.
Wirbelsäule	Nacken-muskulatur	passiv, statisch	Mit einem Arm die gegenüberliegende Kopfhälfte greifen und Kopf in Richtung des Arms ziehen.

Tabelle 4: Trainingsplanung Beweglichkeitstraining

3.3 Begründung

3.3.1 Begründung Belastungsgefüge

Der Klient sollte sich so oft wie möglich dehnen, da die Muskulatur beim Dehnen nicht oder kaum ermüdet. Nach Rancour, Holmes & Cipriani (2009) können 2-3 Einheiten pro Woche die Beweglichkeit von Anfängern verbessern und sie bei Sportlern mit einer hohen Beweglichkeit erhalten. Wenn man weniger als zwei mal pro Woche ein Dehnprogramm ausführt, stagniert der Fortschritt (Franco, Signorelli, Trajano & De Oliveira, 2008).

Da der Klient nur drei mal pro Woche Zeit zum Beweglichkeitstraining hat liegt die Häufigkeit pro Woche bei 3.

Mehr als 4 Sätze pro Übung sind nicht sinnvoll. Da bei einer höheren Satzzahl kein signifikanter Mehreffekt zu erwarten wäre, absolviert der Klient 3 Sätze pro Übung.

Nach Freiwald (2000) ist beim Statischen Dehnen eine Dehndauer bis 45 Sekunden angebracht. Die Dehndauer beim Dynamischen Dehnen ist weitestgehend unerforscht und orientiert sich daher an den 45 Sekunden die sich bei einem Statischen Dehnen herauskristallisiert haben. Freiwald 2004 empfiehlt beim Dynamischen Dehnen 15 Wiederholungen innerhalb der 45 Sekunden.

In Sachen Intensität differenzieren Schönthaler und Ohlendorf (2002) 3 Intensitätsstufen:

1. Dehnschwelle: Beginn des Dehnreizes
2. Dehngrenze: Beginn des Dehnschmerzes
3. Maximale Bewegungsreichweite: Gelenkwinkel bei maximal tolerierbarem Dehnschmerz.

Den größten Effekt erzielt man bei einem Dehnen deutlich oberhalb der Dehngrenze knapp unterhalb der maximalen Bewegungsamplitude. Da wir uns jedoch im Gesundheitssport befinden und dem Klienten keine starken Schmerzen zufügen wollen liegt die Intensität in diesem Dehnprogramm knapp jenseits der Dehngrenze.

Beim Postisometrischen Dehnen ist das Belastungsgefüge etwas komplexer. Hierbei wird zunächst leicht gedehnt, worauf eine 6-10 sekündige isometrische Kontraktion folgt. Unmittelbar danach werden die Muskeln 2-3 Sekunden entspannt und direkt im Anschluss 10-20 Sekunden bis zur Dehngrenze gedehnt (Hohmann, Lames & Letzelter, 2002, S.100; Sölveborn, 1983, S.13). Dieser Vorgang wird viermal wiederholt.

3.3.2 Begründung Trainingsplanung

Ein Trainingsmotiv des Klienten lautet „Verbesserung der Beweglichkeit". Auf Grund dieses Motivs ist ein ausführliches Dehnprogramm von Nöten um die generelle Beweglichkeit des Klienten zu verbessern.

Ein anderes für die Planung des Beweglichkeitstraining relevantes Ziel, ist die „Verbesserung der Leistung im Kickboxen". In diesem Sport ist eine gute Beweglichkeit, gerade was die Beweglichkeit in der Hüfte angeht, essenziell.

Aufgrund dieser Tatsache wurde bei der Trainingsplanung besonderer Wert auf Übungen gelegt, welche auf eine Erhöhung der Beweglichkeit im Bereich der Hüfte abzielen.

Der Klient hat in der Vergangenheit schon einige koordinative Erfahrung mit Kickboxen und Parkour gemacht, weshalb in der Planung des Beweglichkeitstrainings auch koordinativ anspruchsvolle Dehnübungen gewählt wurden.

Der Klient ist noch jugendlich und voll belastbar, daher wird er im Rahmen des o.g. Dehnprogramms auch nicht geschont.

Des Weiteren leidet der Klient unter keinen gesundheitlichen Einschränkungen, die in der Trainingsplanung zu berücksichtigen sind.

Der Beweglichkeitstest ergab, dass der Klient voll bewegungsfähig ist, deshalb kann nahezu jede beliebige Übung gewählt werden ohne den Klienten zu überfordern.

4 Trainingsplanung Koordinationstraining

4.1 Trainingsplanung

Die folgende Tabelle zeigt die Trainingsplanung für ein Koordinationstraining im Sinne eines Gleichgewichtstrainings für den Klienten.

Woche	Übung	Durchführung	Begründung
Woche 1	Standwaage auf Boden mit Partner	Der Klient steht mit einer Hüftflexion von 90° auf einem Bein; das andere Bein ist gerade nach hinten ausgestreckt; der Oberköper beugt sich um 90° nach vorne; Der Partner gibt dem Klienten beide Hände und hilft das Gleichgewicht zu halten.	In dieser Übung wird der Klient vor Allem vestibulär beansprucht. Er steht unter Präzisionsdruck. Da die Übung schon sehr komplex ist steht er außerdem unter Komplexitätsdruck. Außerdem steht der Klient unter Zeitdruck, da er die Position 30 Sekunden halten muss.
Woche 2	Standwaage auf Boden ohne Partner	Siehe Standwaage auf Boden mit Partner, nur ohne Partner.	Die Belastungsbedingungen wurden insofern verändert, dass nun kein Partner mehr da ist um zu helfen. Es wurden also die Umweltbedingungen verändert und der Gleichgewichtssinn wird mehr gefordert.
Woche 3	Einbeinstand auf Balancepad	Der Klient steht auf einem Bein gerade auf einem Balance-Pad, das andere Bein ist im Kniegelenk um 90° angewinkelt.	Der Komplexitätsdruck nimmt etwas ab, da die Position nicht so komplex ist, wobei der Präzisonsdruck umso mehr ansteigt, da der Klient nun auf einem Balance-Pad stehen muss. Ebenso kommt ein Variabilitätsdruck hinzu, da der Klient in der Lage sein muss sich an die neue Situation anzupassen. Der vestibuläre Anspruch steigt ebenfalls.
Woche 4	Einbeinstand auf Balancepad (Augen geschlossen)	Siehe Einbeinstand auf Balance-Pad. Die Augen bleiben während der Durchführung geschlossen.	Nun wird die Informationsaufnahme variiert, da der Klient die Augen geschlossen hat. Der Variabilitätsdruck steigt weiter an, da der Klient nun dazu fähig sein muss dieselbe Übung auch mit geschlossenen Augen durchzuführen. Außerdem wird die Belastung des Gleichgewichtssinns erhöht, da es mit geschlossenen Augen wesentlich schwerer ist das Gleichgewicht zu halten.
Woche 5	Einbeinstand auf Therapiekreisel mit Partner	Der Klient steht auf einem Bein gerade auf einem Therapiekreisel, das andere Bein ist im Kniegelenk um 90° angewinkelt. Der Partner gibt dem Klient beide Hände und unterstütz so sein Gleichgewicht.	Die Umweltbedingungen werden durch den Therapiekreisel weiter erschwert. Da der Kreisel wesentlich instabiler ist als das Balance-Pad steigt der vestibuläre Anspruch und der Präzisionsdruck

Woche 6	Einbeinstand auf Therapiekreisel mit Partner (Augen geschlossen)	Siehe Einbeinstand auf Therapiekreisel mit Partner. Die Augen bleiben während der Durchführung geschlossen.	Durch die geschlossenen Augen steigt der vestibuläre Anspruch weiter an. Der Variabliitätsdruck wird ebenfalls erhöht.
Woche 7	Standwaage auf dem Balance-pad	Der Klient steht mit einer Hüftflexion von 90° auf einem Bein; das andere Bein ist gerade nach hinten ausgestreckt; der Oberköper beugt sich um 90° nach vorne. Die Übung wird auf einem Balance-Pad ausgeführt.	Der Variabilitätsdruck steigt weiter, da der Untergrund schon wieder geändert wird. Der Komplexitätsdruck wird gesteigert, da diese Übung wesentlich komplizierter ist als zuvor. Der Gleichgewichtssinn wird mehr beansprucht.
Woche 8	Standwaage auf dem Balance-pad Augen geschlossen	Siehe Standwaage auf dem Balance-pad. Die Augen bleiben während der Durchführung geschlossen	Durch die geschlossenen Augen wird der Variabilitätsdruck sowie der vestibuläre Anspruch heraufgesetzt.
Woche 9	Standwaage auf dem Therapiekreisel mit Partner	Der Klient steht mit einer Hüftflexion von 90° auf einem Bein; das andere Bein ist gerade nach hinten ausgestreckt; der Oberköper beugt sich um 90° nach vorne. Der Partner gibt dem Klient beide Hände und hilft das Gleichgewicht zu halten. Die Übung wird auf einem Therapiekreisel ausgeführt	Durch die veränderten Umweltbedingungen (Therapiekreisel) wird der Klient in Sachen Variabilität noch mehr unter Druck gesetzt. Auch sein Gleichgewichtssinn wird hierdurch noch mehr gefordert.
Woche 10	Standwaage auf dem Therapiekreisel ohne Partner	Der Klient steht mit einer Hüftflexion von 90° auf einem Bein; das andere Bein ist gerade nach hinten ausgestreckt; der Oberköper beugt sich um 90° nach vorne. Die Übung wird auf einem Therapiekreisel ausgeführt	Durch das Wegfallen des Partners wird der Variabilitätsdruck noch weiter vergrößert. Der vestibuläre Anspruch ist wird verstärkt.

Tabelle 5: Trainingsplanung Koordinationstraining

4.2 Belastungsgefüge

Die folgende Tabelle zeigt das Belastungsgefüge für die o.g. Trainingsplanung des Gleichgewichtstraining.

Häufigkeit pro Woche	Sätze pro Übung	Satzpausen	Belastungsdauer
3 mal	3	2min	30 Sekunden

Tabelle 6: Belastungsgefüge Koordinationstraining

4.3 Begründung

Die Zielübung „Standwaage auf dem Therapiekreisel" wurde in diesem Trainingsplan ausgewählt da der Klient als Trainingsziel die Verbesserung des Gleichgewichts auf einem Bein genannt hat. Diese Übung ist ideal um den Gleichgewichtssinn zu schulen, und da sie auf einem Bein durchgeführt wird, sind die outcome-Effekte nahezu deckungsgleich mit den Zielen des Klienten.

Nach Neumeier und Mechling (1994) unterscheidet man sechs motorisch-koordinative Druckbedingungen:

1. Zeitdruck
2. Präzisionsdruck
3. Komplexitätsdruck
4. Organisationsdruck
5. Belastungsdruck
6. Variabilitätsdruck

Um dem Klienten die Standwaage auf dem Therapiekreisel näher zu bringen, werden die Druckbedingungen zunächst minimiert und steigen dann im Laufe des Trainingsplans immer weiter an, bis der Klient in der Lage ist die Zielübung auszuführen.

Hierfür wird zunächst die Grobmotorik und dann allmählich immer mehr die Feinmotorik geschult und gefestigt.

Außerdem werden die Ausgangsposition (Einbeinstand; Standwaage), die Umweltbedingungen (Boden; Therapiekreisel; Balance-pad) und auch die Variation bezüglich der Informationsaufnahme (Augen zu; Augen auf) über die Zeit verändert.

Die koordinativen Übungen sollten generell so oft wie nur möglich durchgeführt werden, wobei der Belastungsumfang relativ gering gehalten werden sollte.

Da der Klient nur einen zeitlichen Verfügungsrahmen von dreimal pro Woche hat sollte er das Gleichgewichtsprogramm auch dreimal in der Woche durchführen um den größten Effekt zu erzielen.

Da der Klient immer nur eine Übung pro Woche macht, kann er guten Gewissens drei Sätze durchführen ohne sich zu überfordern.

Die Belastungsdauer sollte 30 Sekunden nicht überschreiten um den Klienten nicht zu übermüden.

Er soll Satzpausen von jeweils zwei Minuten machen, damit er sich voll regenerieren kann und den nächsten Satz mit maximaler Konzentration, Kraft und Präzision ausführen kann.

5 Literaturrecherche

Die folgende Tabelle vergleicht 2 Studien zum Thema Dehntraining als Verletzungsprophylaxe.

	Studie 1	Studie 2
Titel	Dient Dehnen der Verletzungsprophylaxe? Eine qualitative Metaanalyse	Zur Wirkung des Dehnungstrainings als Verletzungsprophylaxe
Autor	Franz Marschall & Bettina Ruckelshausen	Andreas Klee
Jahr	2004	2006
Versuchsgruppe	Metaanalyse	Metaanalyse
Versuchsaufbau	„Von insgesamt 168 aufgrund der Rechercheergebnisse gesichteten Beiträgen enthielten 59 Untersuchungen inhaltlich eindeutige Angaben zur Klärung der Frage, ob Dehnen der Verletzungsprophylaxe dient. Sie wurden verschiedenen Themen- schwerpunkten zugeordnet und genauer analysiert." (Marschall & Ruckelshausen, 2004)	Es wurden alle Primärstudien hinsichtlich der erhobenen Verletzungsarten einer differenzierten Analyse unterzogen. (vgl. Klee, 2006)
Ergebnisse	In 19 Studien wurde eine verletzungsprophylaktische Wirkung bestätigt, wohingegen in 12 Studien eine Erhöhung des Verletzungsrisikos durch Dehnen oder eine erhöhte Beweglichkeit festgestellt wurde. 17 Untersuchungen kommen zu einer neutralen Bewertung. (vgl. Marschall & Ruckelshausen, 2004)	„Es hat sich gezeigt, dass bei der Beurteilung der Frage, ob ein Dehnungstraining Verletzungen vermeiden kann, ausschlaggebend ist, welche Aussagefähigkeit man den einzelnen Untersuchungen zubilligt. Ein entscheidender Filter ist, von welchen Verletzungen man glaubt, dass diese durch Dehnungstraining vermieden werden können." (Klee, 2004)
Schlussfolgerungen	„Die Frage, ob Dehnen einen Einfluss auf die Verminderung des Verletzungsrisikos hat, lässt sich nicht eindeutig beantworten. Ebenso kann kein Zusammenhang zwischen der Beweglichkeit und dem Verletzungsrisiko nachgewiesen werden." (Marschall & Ruckelshausen, 2004)	Anhand der Forschungslage ist es nicht möglich zu sagen „Dehnen hätte keine Bedeutung bei der Vorbeugung von Verletzungen, es sei denn man betont bei dieser Aussage ausdrücklich, dass mit Verletzungen vor allem solche von Knochen, Gelenken, Bändern, Sehnen und Schleimbeuteln gemeint sind und nicht Muskelzerrungen." (Klee 2004)

Tabelle 7: Dehntraining als Verletzungsprophylaxe

6 Literaturverzeichnis

A. Hohmann, M. Lames, M. Letzelter (2002). Einführung in die Trainingswissenschaft (2. Aufl). Wiebelsheim: Limpert.

A. Klee (2006). Zur Wirkung des Dehnungstrainings als Verletzungsprophylaxe. Eine Analyse der empirischen Untersuchungen unter besonderer Berücksichtigung der Verletzungsarten. Sportwissenschaft, Heft 1, S.23-38.

A. Neumaier, H. Mechling (1994). Taugt das Konzept „koordinativer Fähigkeiten" als Grundlage für sportartspezifisches Koordinationstraining? In P. Blaser, K. Witte & C. Stucke (Hrsg.), Steuer- und Regelvorgänge der menschlichen Motorik (S. 93-105). Sankt Augustin: Academia.

B. L. Franco, G. R. Signorelli, G. S. Trajano, C. De Oliveira (2008). Acute effects of different stretching exercises on muscular endurance. Journal of Strength and Conditioning Research, 22 (6), 1832-1837.

F. Marschall, B. Ruckelshausen (2004). Dient Dehnen der Verletzungsprophyaxle? Eine qualitative Metaanalye. Spetrum 16, Heft 1.

J. Freiwald (2000). Dehnen im Sport und in der Therapie. Die Säule, 4 (1), 28-33.

J. Freiwald (2004). Dehnen – Legenden, Fakten. Vortragsskript, Waldenburg.

J. Rancour, C. F. Holmes, D. J. Cipriani (2009). The effects of intermit- tent stretching following a 4-week static stretching protocol: a randomized trial. Journal of Strength and Conditioning Research, 23 (8), 2217- 2222.

S.-A. Sölveborn (1983). Das Buch vom Stretching. Beweglichkeitstraining durch Dehnen und Strecken. München: Mosaik.

S. R. Schönthaler K. Ohlendorf (2002). Biomechanische und neurophysiologische Veränderungen nach ein- und mehrfach seriellem passiv- statischem Beweglichkeitstraining. Köln: Sport und Buch Strauß.

V. Janda (2000). Manuelle Muskelfunktionsdiagnostik (4. Aufl). München: Urban und Fischer.

7 Abbildungs- und Tabellenverzeichnis

7.1 Tabellenverzeichnis

Tabelle 1: Personendaten

Tabelle 2: Beweglichkeitstest

Tabelle 3: Belastungsgefüge Beweglichkeitstraining

Tabelle 4: Trainingsplanung Beweglichkeitstraining

Tabelle 5: Trainingsplanung Koordinationstraining

Tabelle 6: Belastungsgefüge Koordinationstraining

Tabelle 7: Dehntraining als Verletzungsprophylaxe

BEI GRIN MACHT SICH IHR WISSEN BEZAHLT

- Wir veröffentlichen Ihre Hausarbeit, Bachelor- und Masterarbeit

- Ihr eigenes eBook und Buch - weltweit in allen wichtigen Shops

- Verdienen Sie an jedem Verkauf

Jetzt bei www.GRIN.com hochladen und kostenlos publizieren